Couvertures supérieure et inférieure
en couleur

LES ORDRES DE CHEVALERIE

LES ORDRES SERBES

PAR

L. BRASIER
Chevalier de la Légion d'honneur
Rédacteur à la Grande Chancellerie de la Légion d'honneur.

J. L. BRUNET
Commandeur de l'Ordre Royal de Takovo de Serbie
Directeur des ACTUALITÉS DIPLOMATIQUES ET COLONIALES.

Trois Portraits et 11 Illustrations de Jules DROIT

PRIX : 2 [illegible]

« ACTUALITÉS D[illegible] [illegible]OLONIALES »
[illegible], PARIS [illegible]
[illegible]

En [illegible] ARTHUS BERTRAND et BERANGER
[illegible] fabricants d'Ordres
[illegible] Rue de Rennes, Paris (VIe).

Les Actualités Diplomatiques & Coloniales

REVUE INTERNATIONALE ILLUSTRÉE
MENSUELLE

DIRECTEUR-RÉDACTEUR EN CHEF : J. L. BRUNET

FRANCE, Un An : 10 fr. — COLONIES ET ÉTRANGER, Un An : 12 francs.
LE NUMÉRO : 1 franc.

RÉDACTION ET ADMINISTRATION
43, Boulevard Beauséjour, PARIS (16e)

— En vente dans les principales Librairies de France et de l'Etranger —

LES ORDRES SERBES

DES MÊMES AUTEURS :

Les Ordres Coloniaux français (2e édition revue et augmentée) (Ouvrage honoré d'une souscription de la Grande Chancellerie de la Légion d'Honneur). In-8e jésus, 28 illustrations . . . . **2 francs.**

Les Ordres Tunisiens, in-8 jésus, 8 illustrations . . . . **1 »**

Les Ordres Portugais, in-8 jésus, ouvrage orné de 3 planches hors texte gravées en taille-douce par Mougeol et de 2 figures dans le texte . . . . **3 »**

Le Mérite Agricole in-8e jésus . . . . **1 fr. 50**

LES ORDRES DE CHEVALERIE

LES ORDRES SERBES

PAR

L. BRASIER
Chevalier de la Légion d'honneur
Rédacteur à la Grande Chancellerie de la Légion d'honneur

J. L. BRUNET
Commandeur de l'Ordre Royal de Takovo de Serbie
Directeur des ACTUALITÉS DIPLOMATIQUES ET COLONIALES

Trois Portraits et 11 Illustrations de Jules DROIT

PRIX : 2 Francs

« ACTUALITÉS DIPLOMATIQUES & COLONIALES »
43, Boulevard Beauséjour, PARIS (XVIe)

MARS 1902

En Vente chez ARTHUS BERTRAND et BÉRANGER
Éditeurs, Fabricants d'Ordres
46, Rue de Rennes, Paris (VIe)

Les dessins des Ordres ont été exécutés par Jules DROIT, d'après les documents de MM. Arthus Bertrand et Béranger, Editeurs, fabricants d'Ordres, 46, Rue de Rennes, Paris, VIe.

LL. MM. le Roi et la Reine de Serbie

Il y a sept ans, au moment où le roi Alexandre venait de secouer la tutelle gênante de ses régents, M. Garachanine, qui n'avait pas revu depuis plusieurs années le jeune souverain, fut reçu par lui en audience. L'éminent homme politique serbe voulut bien alors communiquer à un de nos amis ses rênes du gouvernement... Or, dans l'entrevue que je viens d'avoir avec mon souverain, mon jugement sur lui s'est formé d'une manière définitive. Le roi est un homme sérieux, à l'esprit réfléchi et qui a conscience de sa tâche. Mon pays peut se féliciter d'avoir un tel souverain. »

(Phot. Adèle, Vienne)

S. M. ALEXANDRE Ier DE SERBIE

impressions sur Sa Majesté. « La dernière fois que je me trouvai face à face avec le roi, dit M. Garachanine à notre ami, il était encore un enfant ; j'avais gardé le meilleur souvenir de sa nature loyale, mais je n'avais pas encore pu me faire une idée de ce qu'il serait à sa majorité, au moment où il prendrait les

M. Garachanine ne parlait pas en l'air en s'exprimant ainsi. Il avait deviné chez son roi des qualités exceptionnelles, et les actes successifs par lesquels Alexandre Ier allait se signaler à l'attention du monde, devaient donner raison à l'homme d'état serbe.

Depuis le jour où il devint effectivement

roi de Serbie, Alexandre Ier eut une seule préoccupation : mettre fin aux longs errements de son pays, en gouvernant d'après les aspirations de la nation et non d'après les vues étroites des partis. Ce ne fut pas une petite affaire que d'arrêter dans leur essor les luttes que se livraient les trois partis alors existants. Mais de l'esprit de suite et de la volonté pouvaient en avoir raison ; et c'est ce que montra tout d'abord le jeune roi : un esprit tenace et un but nettement arrêté. On sait qu'il arriva peu à peu à accomplir sa tâche ardue.

Ensuite, que demandait la Serbie ? De voir mettre un peu d'ordre dans ses finances et relever son industrie et son commerce, d'avoir aussi sa part des bienfaits que le progrès répand sur les autres pays. Ici également, le roi Alexandre eut une idée claire de ce dont son pays avait besoin, et il inaugura pour le royaume une ère de paix intérieure, de travail fécond, d'administration sage et honnête.

Le roi Alexandre a prouvé, dès le premier jour de son règne, qu'il avait à cœur de gouverner d'après les aspirations nationales de son peuple. Il s'est séparé d'un cabinet qui ne témoignait pas précisément de grandes sympathies aux Slaves ; il a élu comme reine de Serbie une femme serbe, intelligente et bonne, vers laquelle monte la confiance de tout le peuple.

(Phot. A. Guesquin, Biarritz).

S. M. LA REINE DRAGA DE SERBIE

Félicitons la Serbie d'avoir un souverain comme Alexandre Ier, qui a placé, au-dessus de tout, les intérêts de son pays et qui gouverne avec la seule pensée de faire œuvre utile pour ses sujets et de prendre en considération leurs vœux les plus chers.

S. E. le Dr Michel VOUITCH

Ministre des Affaires Etrangères

Président du Conseil des Ministres de S. M. le Roi

S. E. LE Dr MICHEL VOUITCH

Ministre des Affaires Etrangères, Président du Conseil des Ministres de S. M. le Roi.

En M. Vouitch nous saluons un partisan sincère d'une politique d'entente cordiale entre les peuples Balkaniques et avant tout entre la Serbie et le pays-frère de Monténégro.

M. Vouitch, ancien Ministre de Serbie à Paris, est un des hommes d'Etat les plus sympathiques et les plus importants de la Serbie. Il s'est fait un nom et a acquis une compétence indiscutable comme financier. Il a publié de nombreux ouvrages économiques dont le plus important est intitulé " Théorie de l'économie politique " et a été traduit dans toutes les langues slaves.

M. Vouitch fut, au début de sa carrière, professeur de littérature politique et de finances à la Haute Ecole de Belgrade. Il devint pour la première fois Ministre des Finances en 1887. Il le fut encore à deux reprises depuis lors. Les services qu'il rendit, en cette qualité, à son pays sont considérables. Il introduisit des réformes remarquables : c'est lui qui, en consolidant la dette flottante, trouva de nouvelles ressources financières : il acheta les chemins de fer et le monopole des sociétés étrangères, etc.

Comme diplomate, appelé à l'honneur de représenter en France S. M. le Roi de Serbie, il sut devenir en quelques mois une véritable personnalité parisienne, chose passablement difficile non seulement à un homme d'Etat oriental, mais même aux représentants des grandes puissances près de la République française.

M. Vouitch est un homme extrêmement pondéré, expérimenté autant que raisonnable. En sa double qualité de savant et de diplomate, il connait tout le prix du juste milieu et de la modération ; il n'est guère probable qu'il s'en écarte dans l'avenir, quand il ne s'en est jamais départi dans le passé Il a été et il est encore radical, comme beaucoup d'entre les meilleurs patriotes serbes ; mais son radicalisme n'a rien de fougueux, rien de militant et il partage complètement aujourd'hui les vues du roi Alexandre, à qui il est dévoué corps et âme, sur l'absolue nécessité de tenir le gouvernement du royaume au-dessus des querelles des partis et de suivre une politique purement et simplement nationale et dynastique.

LES ORDRES SERBES

INTRODUCTION

Entre les vallées de la *Save*, de la *Morawa* et du *Drin*, s'étend un royaume petit par l'étendue et le nombre de ses habitants, mais grand dans l'histoire par son amour de la liberté et de l'indépendance : le royaume de *Serbie*.

Les anciennes provinces romaines d'*Illyrie* et de *Moesie*, rajeunies par une colonie de Slaves, formèrent au moyen-âge le royaume de Serbie. Tombé au pouvoir des Turcs au XVe siècle, il ne put reconquérir son indépendance que de nos jours.

En 1858, les Obrenovitch se mettent à la tête du soulèvement, le prince Michel devient roi, chasse les Turcs des forteresses qu'ils occupaient, mais ce ne fut qu'au traité de Berlin, le 13 juillet 1878, que l'article 34 déclara la Serbie un Etat indépendant.

Le 8 mars 1882, elle fut érigée en royaume constitutionnel.

De tout temps, la bravoure a été l'apanage des Serbes. Quand les Romains vinrent attaquer les Moesiens, un des chefs barbares s'avança vers eux et leur demanda : Qui êtes-vous? — Ils répondirent : « Nous sommes les Romains, maîtres de toutes les nations. » — « Vous pourrez prendre ce titre quand vous nous aurez vaincus. » répondit fièrement le Moesien.

Au début de la guerre de 1878, les soldats serbes marchaient au combat en s'écriant dans le transport de leur patriotisme : Ostvaritschemo amanet otaeza ! Nous exécuterons le testament de nos pères.

Aussi les ordres de Serbie rappellent-ils tous le souvenir des sacrifices endurés et des services rendus pour la cause de l'indépendance et de la liberté.

Les principaux ordres sont :

L'Ordre de Miloch le Grand.

L'Ordre de l'Aigle Blanc ;

L'Ordre de Takovo ;

L'Ordre de St-Sava ;

Toutes ces décorations sont régies par les lois du 15 février 1878, 3 avril 1881, 16 février 1883 et 17 décembre 1898.

ROYAUME DE SERBIE

CHANCELLERIE DES ORDRES ROYAUX

A BELGRADE

Son Excellence le Général Dragoutine FRANASSOVITCH, Aide de camp Général honoraire de Sa Majesté le Roi, ancien Ministre de la Guerre, *Chancelier des Ordres Royaux*.

M. le Colonel Jean SMOUDCHA, *Secrétaire*.

M. Athanase PETROVITCH, *Trésorier*.

PREMIÈRE PARTIE

ORDRE ROYAL DE L'AIGLE BLANC

Créé par le Roi Milan, le 13 janvier 1883, en souvenir du rétablissement de la Royauté, et en mémoire de Douchant le Puissant (1) qui avait un aigle blanc dans ses armes.

Cet ordre est destiné à récompenser les services rendus au souverain, à la famille royale, à l'Etat, dans toutes les branches de l'administration, *ou bien à la nation.*

ORDRE ROYAL DE L'AIGLE BLANC
Chevalier et Officier (face)

Classes. — Le Roi grand maître.

La Reine et le Prince royal sont de droit grand'croix.

1re classe. — Grands croix, 10.

2e classe. — Grands officiers, 20.

3e classe. — Commandeurs, 40.

4e classe. — Officiers, 150.

5e classe. — Chevaliers, 300.

Les étrangers ne sont pas compris dans ces nombres.

Décoration. — Un aigle debout à deux têtes, ayant les ailes à demi ouvertes et baissées, les serres tombantes et ouvertes, et sur la poi*trine par devant un écusson ovale en émail rouge*

ORDRE ROYAL DE L'AIGLE BLANC
Chevalier et Officier (revers)

chargé d'une croix en émail blanc, avec un filet en or. Dans les coins de la croix se trouve un acier de briquet en or. Sur chaque tête de l'aigle une couronne royale; au-dessus de l'aigle est posée une couronne royale plus grande, reliée à l'aigle par un ruban d'émail bleu plié de manière à ce que les bouts finissent près des têtes de l'aigle. A la pointe de la couronne, se trouve un anneau

(1) Empereur d'un vaste Etat vers 1333.

pour passer le ruban. Sur le revers de la croix, le même écusson que sur le devant; il est encadré d'un pointillé en or, et le milieu de l'écusson porte les initiales M. I. en or, surmontées d'une couronne royale. Sur le revers du ruban bleu qui relie la couronne à l'aigle figure une inscription en caractères cyrilliques modernes : 22 février 1882.

L'aigle, en argent pour les chevaliers, est en or émaillé de blanc pour les autres grades

L'ensemble de la décoration présente un ovale, ayant 60 millimètres dans le grand diamètre, y compris la couronne, et 30 millimètres dans le petit diamètre. Les écussons sont aussi ovales; leur grand diamètre est, sans le cadre, de 15 millimètres, le petit de 12; le cadre a un millimètre d'épaisseur. La croix sur l'écusson a 3 millimètres, les aciers de briquet en ont 3 de longueur et 2 de largeur.

Pour les commandeurs, grands officiers et grands croix, la longueur de la décoration est de 80 millimètres, la largeur de 40.

Les grands croix et les grands officiers portent une plaque en or, de forme carrée figurée par des rayons à pointes de diamants. Ces rayons s'élargissent en masses vers les coins.

La plaque de grand'croix a 62 millimètres de côté; celle de grand officier 57 millimètres.

L'envers de la plaque de grand'croix porte les emblèmes de commandeur en diagonale.

Ruban. - Moiré rouge avec 2 larges lisérés bleu de ciel.

Le ruban des grands croix a 105 millimètres de largeur, dont 60 millimètres pour le champ rouge du milieu; des deux côtés de ce champ se trouve une raie bleu clair de 17 mm. de largeur et à côté d'elle des filets rouges de 5.5 mm. de largeur. Les bouts du ruban forment un nœud sur lequel se trouve une rosette de 65 mm. de diamètre, au-dessous de laquelle pend l'emblème de l'ordre.

Le ruban des grands officiers a 53 mm de largeur dont 30 pour le champ rouge du milieu; les raies bleu clair des deux côtés sont de 9 mm. et les filets rouges de 2,5 mm.

Le ruban de Commandeur a 40 mm. de largeur, 7 mm. des deux côtés des raies bleu clair et 2 mm. pour les filets rouges.

ORDRE ROYAL DE L'AIGLE BLANC
Plaque de Grand Officier.

Ces dimensions sont aussi celles des rubans d'officier et de chevalier.

Manière de porter la décoration. — La Grand'Croix se porte en sautoir, de l'épaule gauche au flanc droit : la plaque à gauche sur la poitrine. Les officiers le portent sur l'uniforme, les civils au-dessous de l'habit.

Le *cordon de grand officier se porte* au cou, la plaque à droite sur la poitrine.

Le cordon de commandeur se porte au cou.

Les insignes d'officier se portent, pour les officiers, au second bouton en haut du plastron de l'uniforme, pour les civils à la première boutonnière gauche de l'habit.

Les insignes de chevalier, sur la poitrine, selon le rang déterminé par les autres décorations. Les civils les fixent à gauche sur la poitrine.

Les officiers décorés de l'Aigle Blanc doivent le porter tous les jours ; les civils à toutes les cérémonies.

L'ordre de l'Aigle Blanc se confère en commençant [illegible] la 5e classe.

Il [illegible] deux *ans d'ancienneté pour passer* d'une classe à une autre.

ORDRE ROYAL DE TAKOVO

Cet ordre a été fondé en 1865 par le prince **Michel III Obrenovitch** pour récompenser les sacrifices endurés et les services rendus pour l'indépendance et l'émancipation de la Serbie.

L'ordre fut créé à l'occasion du jubilé de 50 ans de la délivrance du pays par Milosch Obrenovitch qui, après avoir chassé les Turcs et conclu avec la Porte un traité de paix avantageux, fut élu le 6 novembre 1817 par les princes et le haut clergé, prince héréditaire de Serbie.

L'ordre fut renouvelé le 15 février 1878 par le prince Milan Obrenovitch qui devint roi.

ORDRE ROYAL DE TAKOVO
Chevalier (face)

Classes. — Il comprend cinq classes : Grand'Croix ; — Grand officier ; — Commandeur ; — Officier ; — Chevalier.

Décoration. — Croix en or, dont les branches sont entaillées en forme de coin fendu de manière à figurer 8 pointes terminées par une perle d'or ; cette croix est posée sur une croix en or de Saint-André.

Au milieu, se trouve un médaillon rond en émail rouge avec le monogramme M.O. et la couronne princière en or.

Ce médaillon est entouré d'un ruban en émail bleu, avec filet or ; les deux bouts du ruban se réunissent en bas et sont égaux. Le ruban porte en lettres d'or et en anciens caractères cyrilliques la devise de l'ordre : *pour la Foi, le Prince et la Patrie.* Autour du ruban se trouve une couronne de lauriers en émail vert. Le revers du médaillon porte en or les armes de Serbie.

Sur la croix est placée une couronne princière, dont la partie supérieure est en émail rouge, et la partie inférieure en émail blanc. Un ruban en or en forme de 8 écrasé relie la couronne à la croix.

ORDRE ROYAL DE TAKOVO
Chevalier (revers)

La croix de chevalier n'est pas surmontée de la couronne ; le monogramme M.O. est entremêlé avec le chiffre III. Une couronne de lauriers ouverte dans le haut entoure le ruban portant la devise de l'ordre.

La décoration d'officier contient également la couronne de lauriers La croix est en émail blanc avec filet en or, et la croix de Saint-André est en or sans émail. Les champs du médaillon sont en émail rouge. Sur celui du devant se trouve un monogramme en or, sur celui du revers les armes en or du royaume ; le ruban autour du médaillon sur le devant est en émail bleu avec filet en or, et la devise est inscrite en lettres d'or ; la couronne de lauriers est en émail vert. Sur la croix est placée la couronne royale, dont la partie supérieure est en émail rouge et la partie inférieure en émail blanc. La couronne est liée à la croix par un ruban en or en forme de 8 couché.

Le monogramme M. O. est entremêlé avec le chiffre IV.

Les décorations de commandeur, grand'croix et grand officier sont semblables à celle d'officier excepté que la couronne de lauriers ne se trouve pas autour du médaillon, mais autour des pointes de la croix émaillée, et que les pointes de la croix

ORDRE ROYAL DE TAKOVO
Officier (face)

de Saint-André sont un peu plus longues et dépassent la couronne de lauriers qui n'est pas ouverte en haut, mais entre dans la couronne en la liant avec l'ordre.

La longueur générale des pointes de la croix est pour tous les grades de 35 m m., et la longueur des pointes de la croix de Saint-André pour les grades d'officier et chevalier de 42 m/m. — Pour les autres grades de 48 m m.

La hauteur totale de la couronne, pour la décoration d'officier est de 19 m m., sa plus grande largeur de 22 m m. — Pour les décorations de commandeur, grand officier et grand croix, la hauteur totale est de 21 m/m., et la plus grande largeur de 28 m m.

Le diamètre du médaillon sur la face est de 11 m m. et sur le revers de 17 m m.

Les grands'croix et grands officiers portent une plaque octogone dont les rayons sont à pointes de diamants en argent ; le diamètre de la plaque de grand officier est de 84 m m., celui de la plaque de grand'croix de 90 m m. ; cette dernière porte au milieu l'insigne de grand officier.

La croix de Takovo pour *le mérite militaire*, délivrée autrefois aux combattants et pour services rendus en temps de guerre, porte entre la croix et la couronne 2 épées croisées. Ces épées figurent sur les plaques au-dessus des emblèmes de l'ordre.

Le monogramme du médaillon est M. I. avec la couronne royale.

Ruban. — Pour la décoration au titre militaire, *rouge moiré*.

Pour la décoration au titre civil : *tricolore*, rouge bordé de blanc et de bleu.

Le ruban des grands'croix a 105 m m. de largeur dont 79 pour le champ rouge ; des deux côtés la raie blanche a 6 m m. 5 de largeur. Les bouts de cordon se réunissent en nœud surmonté d'une rosette de 65 m m. de diamètre, au-dessous de laquelle est suspendue la croix.

Le ruban de grand officier a 53 m m. de largeur dont 35 pour le champ rouge ; les raies blanches ont 4, 5 m m. et les bleues également 4, 5 m/m.

Les rubans de commandeur, d'officier et de chevalier ont 40 m m de large dont 26 pour le champ rouge, 3, 5 pour les raies blanches, et 3, 5 pour les raies bleues.

Manière de porter la décoration. — Le cordon de Grand'Croix se porte de l'épaule droite au flanc gauche, la plaque à droite sur la poitrine.

La plaque de grand officier se porte à gauche.

Les insignes d'officier se portent comme ceux de chevalier sur la poitrine.

Les diplomes pour l'ordre de Takovo se paient comme suit :

1er grade,	Grand'Croix,	15 ducats.
2e —	Grand Officier,	10 —

3ᵉ	—	Commandeur,	6	—
4ᵉ	—	Officier,	4	—
5ᵉ	—	Chevalier,	1	—

Les personnes décorées de la croix de Takovo pour le mérite militaire qui obtiendraient la Croix de Takovo civile doivent porter les deux ordres à la fois, n'importe quel soit leur grade.

Le Roi peut donner aux régiments ou aux corps de troupes la Croix de Takovo de IVᵉ (officier) ou Vᵉ classe (chevalier).

ORDRE ROYAL DE TAKOVO
Plaque de Grand'Croix

ORDRE ROYAL DE SAINT-SAVA

Fondé par le roi Milan Ier, le 23 janvier 1883, pour récompenser les services rendus à l'Instruction publique, à la littérature, à la science, à l'Eglise et aux beaux-arts.

Classes. — Le roi, grand maître ;

Cinq classes : Grand' Croix ; — Grand Officier ; — Commandeur ; — Officier ; — Chevalier.

Les étrangers peuvent être admis dans l'ordre.

ORDRE ROYAL DE St-SAVA
Chevalier et Officier (revers)

Décoration. -- Croix dont les branches sont entaillées en forme d'un coin fendu de manière à former 8 pointes avancées terminées par des boules. Ces pointes sont en émail blanc avec filet d'émail bleu, séparé de l'émail blanc par un fi' en argent ou en or.

Au milieu de la croix se trouve un médaillon d'émail blanc avec l'image de St-Sava ; autour du médaillon un cadre en émail bleu sur lequel est inscrit en anciens caractères cyrilliques la devise de l'ordre : « *Obtenu par le mérite* ». Sur le revers se trouve un médaillon avec le chiffre M. I. et avec la couronne royale. Dans le cadre bleu autour du médaillon est une petite couronne en or.

Les espaces vides entre les branches de la croix sont comblés par des aigles à double tête avec couronne, portant sur la poitrine un écusson, une croix d'émail bleu avec les aciers de briquet en or.

ORDRE ROYAL DE St-SAVA
Commandeur (face)

Dans le coin fendu de la branche supérieure de la croix se trouve une fleur de lys qui relie la croix à la couronne royale.

La croix, l'inscription du r édaillon, la fleur de lys sont en argent pour les chevaliers, en or pour les autres grades.

Les deux premières classes ont une plaque octogone en argent dont les rayons sont à pointes de diamants en argent : au milieu se trouvent les emblèmes de l'ordre ; pour les grands croix, les insignes de commandeur ; pour les grands officiers, les insignes d'officier.

Le diamètre de la plaque est de 90 m m pour les grands croix et 84 pour les grands officiers.

Les décorations de chevalier et d'officier ont une croix de 43 mm. de longueur pour la branche verticale et 40 mm. pour la branche horizontale. Le diamètre du médaillon est de 12 mm. dans le plus grand sens et 10 dans le plus petit ; la longueur du cadre bleu est de 25 mm. et la largeur du filet bleu autour des branches de la croix, de 2 mm. La hauteur de la couronne est de 19 mm. et sa plus grande largeur a la même dimension.

Les décorations des 3 premières classes ont une croix de 54 mm. de longueur pour la branche verticale, et 50 pour la branche horizontale. Le grand diamètre du médaillon a 16 mm., le plus petit 13 mm., la largeur du cadre bleu autour du médaillon est de 3 mm. et le filet bleu autour des branches de la croix a 25 mm. — Pour les grands croix, la couronne a 28 mm. de hauteur et 33 mm. de largeur.

Pour les grands officiers et commandeurs, la couronne a 24 mm. de hauteur et 26 mm. de largeur.

Ruban. — Blanc liseré de bleu.

Le ruban des grands croix a 105 mm. de largeur, le champ blanc du ruban est de 60 mm., des deux côtés se trouvent des raies bleu clair de 17 mm. de longueur ; les deux filets blancs ont 55 mm. chacun ; les bouts du ruban forment un nœud, surmonté d'une rosette de 65 mm. de diamètre, au-dessous de laquelle pend l'emblème de l'ordre.

Le ruban de grand officier a 53 mm. de largeur dont 30 mm. pour le champ blanc, des deux côtés une raie bleue de 9 mm. de largeur ; la largeur des deux filets blancs est de 25 mm. chacun.

Les rubans des Commandeur, Officier et Chevalier ont 40 mm. de largeur, dont 20 pour le champ blanc ; des deux côtés une raie bleue de 75 mm. de largeur et de deux filets blancs de 25 mm. chacun.

Manière de porter la décoration. — Les insignes de St-Sava se portent comme ceux de l'ordre de Takovo, la seule différence est que les plaques de Grand'Croix et Grand Officier se placent sur le côté droit de la poitrine.

ORDRE ROYAL DE St-SAVA
Plaque de Grand Officier

ORDRE ROYAL DE MILOCH-LE-GRAND

Créé, le 17/29 décembre 1898, à l'occasion du 40e anniversaire de la Grande Assemblée nationale, réunie le jour de St-André, et pour reconnaître les services rendus à la dynastie nationale des Obrenovitch.

Classes. — Le roi est chef de l'Ordre. Les Membres comprennent 4 classes :

1re Grand-Cordon avec plaque ;

2e Commandeur avec plaque ;

3e Commandeur ;

4e Classe.

Décoration. — Le modèle de la décoration, le ruban, etc., doivent être prescrits ultérieurement, par une ordonnance royale.

Nominations. — L'Ordre de Miloch-le-Grand est accordé par le Roi, de sa propre initiative, et pour des services rendus à la Dynastie nationale.

Les décrets et les diplômes pour ces distinctions seront contresignés par le Chancelier des décorations royales.

Dans la période qui s'est écoulée depuis la *date de l'institution de la présente décoration* jusqu'au jour de la fête des Rameaux 1899, le Roi a pu conférer l'Ordre de Miloch-le-Grand, sans mentionner les services pour lesquels cette distinction a été accordée ; depuis, les services *doivent être signalés dans chaque décret*

Ceux qui sont décorés de l'Ordre de Miloch-le-Grand n'ont à payer aucune taxe. Les frais sont à la charge de la caisse de l'État.

MÉDAILLES

MÉDAILLE

Instituée en 1883 par le roi Milan Ier pour rappeler l'établissement de la royauté, est destinée au Roi, aux Membres de l'assemblée nationale et aux Ministres du 22 février 1882.

(I koupchtina).

Décoration. - Médaille d'argent de 22 millimètres de diamètre, portant les armes du royaume de Serbie sur la face ; et sur le revers, l'inscription : « aux restaurateurs du royaume Serbe, la patrie reconnaissante. »

Une couronne de lauriers en argent entoure la médaille qui est surmontée d'un aigle à double tête en argent avec des ailes à demi-ouvertes ; les deux têtes touchent la couronne royale qui s'attache au ruban par un anneau.

Le diamètre de la médaille est de 22 millimètres ; la largeur de la couronne de lauriers est de 55 millimètres ; la hauteur totale de la médaille est de 68 millimètres.

Ruban. — La largeur du ruban est de 38 millimètres. Il est moiré avec 4 raies rouges et 3 blanches alternées, un filet blanc à chaque liseré.

Les 4 raies rouges et les 3 blanches ont 5 millim. 5 de largeur ; les deux filets blancs n'ont que 1 millim. 5.

MÉDAILLE POUR LA BRAVOURE

Fondée en 1876 pour reconnaître les services rendus au Prince et à la Patrie pendant la guerre de l'affranchissement et de l'indépendance.

Décoration. — Médaille en or ou en argent.

Cette médaille est donnée par le Roi lui-même ou sur la proposition des Commandants de Corps d'armée.

MÉDAILLE POUR LES SERVICES CIVILS

Pour récompenser les services civils rendus pendant la guerre de l'affranchissement.

Décoration. — Médaille en or ou en argent.

Cette médaille est donnée sur la proposition du Ministre de la Guerre ou des Commandants.

MÉDAILLE COMMÉMORATIVE

Instituée pour récompenser tous ceux qui, comme combattants ou non combattants, ont pris part à la guerre en 1876, 1877 et 1878.

Décoration. — Médaille en bronze.

Ruban. — Rouge pour les combattants, bleu pour les non combattants.

GÉNÉRALITÉS

Les décorations sont conférées par le Roi soit de son initiative personnelle, soit sur la proposition individuelle des ministres.

L'institution des ordres n'a lieu qu'en vertu d'une loi. Le Roi peut par ordonnance créer de son initiative personnelle des médailles ; toutefois cette ordonnance doit être contresignée par le Président du Conseil ainsi que par la Chancellerie des ordres royaux.

Les ordres sont conférés par décret pourvu de la signature du Roi. Au décret sont toujours joints les insignes.

Dans le cas où un ordre est conféré sur la proposition d'un ministre, ce dernier contresigne le décret, mais si l'ordre est conféré sur l'initiative personnelle du Roi, le décret est contresigné par le Chancelier des ordres royaux.

Le Roi décide du grade à conférer. Toutefois l'ordre de l'Aigle Blanc ne peut être conféré à un sujet serbe que suivant la hiérarchie des grades. Le titulaire d'un grade ne pourra pas être promu au grade supérieur avant l'expiration d'un délai de deux ans.

Discipline.

Les personnes décorées d'un des ordres serbes qui par suite d'une condamnation seraient privées de leur liberté ne peuvent porter les insignes pendant la détention.

La perte des droits civiques entraine la perte du port de la décoration et le titulaire doit restituer les insignes et le brevet, ainsi que l'autorisation conférant le droit de porter des décorations étrangères.

Il est interdit sous peine d'amende à toute corporation de créer des ordres ou des médailles sans l'autorisation du Chancelier des ordres royaux.

Il est interdit à tout sujet serbe de porter des décorations étrangères sans l'autorisation de la Chancellerie.

Toute société ou corporation qui veut créer une médaille ou un ordre doit verser à la Caisse de la Chancellerie une taxe de 500 francs. Le contrevenant sera passible d'une amende s'élevant au triple de cette taxe au profit de la Caisse de la Chancellerie.

Ceux qui portent des médailles sans les avoir obtenues sont punis jusqu'à trois mois d'emprisonnement.

Du Rang ou des Préséances entre les Grades des Différents Ordres Royaux

La priorité entre les distinctions conférées a été ainsi fixée :

Grand'Croix de l'Ordre de Miloch-le-Grand ;
Grand'Croix de l'Aigle Blanc ;
Grand Officier de l'Ordre de Miloch-le-Grand ;
Grand Officier de l'Aigle Blanc ;
Grand'Croix de Takovo avec épées ;
Grand'Croix de Takovo ;
Commandeur de Miloch-le-Grand ;
Commandeur de l'Aigle Blanc ;
Grand'Croix de St-Sava ;
Grand Officier de Takovo avec épées ;
Grand Officier de Takovo ;
Grand Officier de St-Sava ;
Officier de l'ordre de Miloch-le-Grand ;
Officier de l'Aigle Blanc ;
Commandeur de Takovo avec épées ;
Commandeur de Takovo ;
Commandeur de St-Sava ;
Chevalier de l'Aigle Blanc ;
Officier de Takovo avec épées ;
Officier de Takovo ;

Officier de St-Sava ;
Chevalier de Takovo avec épées ;
Chevalier de Takovo ;
Chevalier de St-Sava.

Chancellerie

Il existe en Serbie une *Chancellerie des Ordres royaux*, chargée de la garde des archives des ordres et de l'administration de leurs revenus.

A la tête de la Chancellerie est le Chancelier des Ordres royaux, nommé par le Roi sur la proposition du Ministre-Président pour une durée de 5 années. Il doit être pris parmi les personnes décorées de la grand'croix de l'un des ordres royaux.

Le Chancelier actuel est le Général Dragoutine Franassovitch, Aide de Camp Général honoraire de S. M. le Roi, Ancien Ministre de la Guerre.

La Chancellerie se compose d'un secrétaire et d'un trésorier, nommés par le Roi sur la proposition du Chancelier pour une durée de 3 ans et *pris parmi les commandeurs de l'un des ordres.*

Ces fonctions sont actuellement remplies par le Colonel Jean Smoudcha, Secrétaire, et par M. Athanase Petrovitch, Trésorier.

Les dépenses de la Chancellerie des Ordres sont portées sur le budget de l'Etat.

Les taxes à percevoir sont les suivantes :

1re classe, 400 francs, G. C. 500 Dnes.
2e classe, 300 francs, G. C. 300 Dnes.
3e classe, 100 francs, C. 100 Dnes.
4e classe, 50 francs, O. 50 Dnes.
5e classe, 25 francs, Chev. 25 Dnes.

Les taxes pour les décorations étrangères sont de dix Dinars par décoration.

Le Roi peut exempter de paiement en vertu d'une ordonnance jointe au décret qui confère l'ordre.

Les étrangers ne paient pas de taxe. Le décret peut leur être conféré sans les insignes.

En cas de nomination à un grade supérieur, les nationaux restituent sans aucune indemnité les insignes de l'ordre inférieur.

Le brevet reste en leur possession.

Les dépenses de la Chancellerie sont :

L'achat des insignes des ordres ;
Les frais de Chancellerie ;
La publication annuelle de la liste des personnes décorées.

Les comptes des revenus, dépenses et épargnes sont soumis à l'examen de la Cour des Comptes.

Du Brevet et du Sceau.

Les brevets sont pour tous les ordres et grades sur papier de dimensions ordinaires, surmontés de la couronne et des armes de Serbie, et portant à gauche une vignette qui figure les emblèmes de l'ordre conféré.

Le brevet reproduit le texte du décret, lequel est conservé aux archives de la Chancellerie des ordres royaux.

Le brevet est scellé, au timbre sec, du sceau de l'ordre de 5 centimètres de diamètre qui représente les insignes, entourés de l'inscription en exergue : « Ordre royal serbe de... »

En voici une traduction :

Sa Majesté le Roi Alexandre Ier désirant donner une preuve de sa haute bienveillance à ....
....
a daigné lui conférer par son Décret du........ la Croix de Takovo, ce qui est attesté par le présent Décret.

Belgrade, le

Le Président du Conseil,
Ministre des Affaires étrangères.

Nous donnons cette autre, à titre documentaire :

Son Altesse le Prince de Serbie Milan M. Obrenovitch IV *a daigné, par son Décret du* ....
.... 187 , conférer à ....
.... la Croix de Takovo ....
pour les services rendus à l'occasion de la délivrance et l'indépendance nationale de la Serbie, ce qui est attesté par le présent Décret.

Belgrade, le

Le Président du Conseil,
Ministre des Affaires étrangères.

2e PARTIE

FORMALITÉS

à remplir pour obtenir l'autorisation d'accepter et de porter en France les insignes des Ordres Serbes.

Les Serbes ou les étrangers décorés d'ordres serbes peuvent porter en France ces décorations sans *autorisation*.

Les formalités ci-dessous prescrites par les décrets des 10 juin 1853, 12 mars 1875, 8 novembre 1883 et 16 janvier 1897, ne concernent que les Français.

Les pièces indiquées ci-après sont adressées au Ministre dont relève le demandeur à raison de ses fonctions ou de son emploi, au Préfet du département, si le demandeur n'exerce aucune fonction publique ou n'a que des fonctions gratuites.

La demande de transmission doit être faite sur feuille de papier timbré de 0 fr. 60 centimes.

Les pièces à fournir sont :

1° Demande en autorisation au Grand Chancelier sur papier timbré à 0 fr. 60, avec indication des motifs qui ont valu la décoration.

2° Brevet original accompagné de sa traduction officielle par un traducteur juré.

3° Extrait d'acte de naissance sur papier timbré.

4° Casier judiciaire.

5° Récépissé constatant le versement à la recette centrale de la Seine, Place Vendôme, n° 16, à Paris, ou dans les Départements, à la Caisse du Receveur des Finances de l'arrondissement, d'une des sommes ci-dessous fixées, pour droits de Chancellerie :

100 francs pour la décoration portée à la boutonnière ;

150 francs pour la décoration portée en sautoir.

200 francs pour la décoration portée en sautoir avec plaque ;

300 francs pour la décoration portée en écharpe avec plaque.

Ces dernières prescriptions ont été complétées par un décret du 16 janvier 1897, ainsi conçu :

ARTICLE PREMIER

« Sans que le total des versements successifs « opérés par le titulaire pour divers grades d'un « même ordre, ou pour les différents ordres « d'un même pays puisse dépasser : dans le « premier cas, le droit du grade le plus élevé « pour lequel il est autorisé ; dans le second, « le droit maximum de trois cents francs. »

Les membres de la Légion d'honneur sont dispensés de la production des pièces 3 et 4.

Les fonctionnaires n'ont pas à produire le casier judiciaire.

Les personnes qui ont obtenu déjà l'autorisation de porter une décoration coloniale française ou une décoration étrangère ne sont pas astreintes à la production de la pièce n° 3.

Les ministres, les hauts dignitaires de l'Etat, les membres du Sénat, les Députés, les membres du Conseil d'Etat sont autorisés à adresser directement leurs demandes au Grand Chancelier.

Les demandes transmises à la Grande Chancellerie par les ministres ou les préfets avec leur avis sur la suite à y donner, sont soumises à l'examen du Conseil de l'Ordre de la Légion d'honneur.

Une ampliation du décret d'autorisation sur parchemin avec reproduction de la décoration serbe autorisée est remise au titulaire avec la pièce n° 2 par l'intermédiaire du ministre ou du préfet qui a transmis la demande.

Les officiers en activité de service, jusques et y compris le grade de capitaine dans l'armée de terre et le lieutenant de vaisseau dans l'armée de mer, qui sont autorisés à accepter et à porter des décorations serbes, versent une somme de dix francs pour prix du brevet qui leur est délivré.

Les sous-officiers et soldats de terre et de mer sont exempts de tous droits de Chancellerie.

Le produit des droits de Chancellerie est employé :

1° à couvrir les frais d'expédition des brevets d'autorisation ;

2° à augmenter le fonds de secours affectés aux membres de la Légion d'honneur, à leurs veuves et à leurs orphelins.

Par analogie avec les Ordres coloniaux français, les décorations serbes sont soumises aux prescriptions du décret du 12 janvier 1897.

Nul ne peut porter une décoration de Commandeur, s'il n'est officier supérieur ou d'un rang équivalent.

Nul ne peut être autorisé à porter une décoration avec grand cordon ou plaque, s'il n'est officier général ou d'un rang équivalent et s'il n'est au moins officier de la Légion d'honneur.

Brevet de la Grande Chancellerie de la Légion d'Honneur.

DISCIPLINE

Les décorations serbes sont soumises en France aux prescriptions des décrets du 10 juin 1853 et 9 mai 1874.

Le décret du 10 juin 1853 est ainsi conçu :

ART. 13. — Les dispositions disciplinaires des lois, décrets et ordonnances sur la Légion d'honneur sont applicables aux Français décorés d'ordres étrangers ; en conséquence, le droit de porter les insignes de ces ordres peut être suspendu ou retiré dans les cas et selon les formes déterminées pour les membres de la Légion d'honneur.

Le décret du 9 mai 1874 applique aux Français autorisés à porter des ordres étrangers les dispositions du règlement d'administration publique, en date du 14 avril 1874, réglant les peines à infliger pour les actions qui ne peuvent être l'objet d'aucune poursuite devant les tribunaux ou les conseils de guerre, et qui cependant attentent à l'honneur.

La procédure employée pour les légionnaires est également exécutée à l'égard des Français décorés d'ordres serbes.

Pour mettre fin aux abus graves introduits dans le mode de porter les insignes des ordres étrangers, et augmenter la juste considération qui doit s'attacher aux décorations conférées par des souverains étrangers, et le prix de récompenses obtenues régulièrement et données à des services certains et vérifiés, le décret du 10 juin 1853 porte :

ART. 2. — Tout Français qui, ayant obtenu des ordres étrangers, n'aura pas reçu du Chef de l'État l'autorisation de les accepter et de les porter, sera tenu de les déposer immédiatement, sauf à lui de se pourvoir auprès du Grand Chancelier de la Légion d'honneur, pour solliciter cette autorisation.

ART. 3. — Il est formellement interdit de porter d'autres insignes que ceux de l'ordre et du grade pour lesquels l'autorisation a été accordée sous les peines édictées en l'Art. 259 du code pénal qui punit d'un emprisonnement de 6 mois à 2 ans toute personne qui aura publiquement porté un costume, un uniforme ou une décoration qui ne lui appartient pas.

Les décorations serbes ne peuvent figurer dans les vitrines des magasins, sur les voitures, affiches, etc., comme moyens de réclame ou de publicité.

Il est également interdit d'introduire des décorations serbes dans des marques de fabrique déposées par les industriels décorés.

Les industriels peuvent reproduire l'image des décorations serbes sur les factures et papiers de commerce, mais à la condition que le négociant décoré sera seul en nom et que l'insigne ne sera jamais accolé à une raison sociale.

La décoration doit disparaître le jour où la maison passe entre les mains et sous le nom d'un successeur qui ne serait pas titulaire de cette même décoration.

ORDRES SERBES

ne pouvant être portés sans la décoration réglementaire

Un grand nombre de décisions présidentielles (11 avril 1882, 8 juin 1885, 18 juin 1887, etc.,) ne permettent aux titulaires d'ordres dont le ruban est rouge ou contient du rouge en quantité plus ou moins notable, de porter à la boutonnière l'insigne de ces ordres qu'en suspendant à leurs rubans ou rosettes une croix d'un diamètre au moins égal à celui de la rosette ou à la largeur du ruban.

Le module de cette croix ne doit pas être inférieur à un centimètre.

L'ordre de l'Aigle Blanc et l'ordre de Takovo sont soumis à ces prescriptions.

TABLE DES MATIÈRES

LL. MM. le Roi et la Reine de Serbie . . . 5
S. E. le Dr Michel Voultch 7
Introduction 9

PREMIÈRE PARTIE

Ordre Royal de l'Aigle Blanc 11
Ordre Royal de Takovo 14
Ordre Royal de Saint Sava 17
Ordre Royal de Miloch-le Grand. 19
Médaille 20
Médaille pour la Bravoure 20
Médaille pour les Services civils. 20
Médaille Commémorative 20
Généralités 21

DEUXIÈME PARTIE

Formalités à remplir pour obtenir l'autorisation de porter et d'accepter en France les insignes des Ordres Serbes 23
Discipline 25
Ordres Serbes *ne pouvant être portés sans la* décoration réglementaire 26

TABLE DES GRAVURES

Portrait de S. M. Alexandre Ier de Serbie . . . 5
Portrait de S. M. la Reine Draga de Serbie . . . 6
Portrait de S. E. M. le Dr Michel Voultch, Ministre des Affaires Étrangères, Président du Conseil des Ministres de S. M. le Roi de Serbie . . . 7
Ordre Royal de l'Aigle Blanc :
Chevalier et Officier (face). 11
Chevalier et Officier (revers) 11
Plaque de Grand Officier 12
Ordre Royal de Takovo :
Chevalier (face) 14
Chevalier (revers 14
Officier (face) 15
Plaque de Grand'Croix . . . 16
Ordre Royal de Saint Sava :
Chevalier et Officier (revers) . . . 17
Commandeur (face) 17
Plaque de Grand Officier 18
Brevet de la Grande Chancellerie de la Légion d'Honneur 24

Imp. de l'Imprimerie du Centre. — Herbin, Montluçon

www.ingramcontent.com/pod-product-compliance
Ingram Content Group UK Ltd.
Pitfield, Milton Keynes, MK11 3LW, UK
UKHW021203230726
13926UKWH00001B/275

9 782016 165225